Impressum
Verlag: BABADADA GmbH, Nedderfeld 112 , 22529 Hamburg
Geschäftsführer / Verlagsleitung: Harald Hof
Druck: Books on Demand GmbH, In de Tarpen 42, 22848 Norderstedt

Imprint
Publisher: BABADADA GmbH, Nedderfeld 112 , 22529 Hamburg, Germany
Managing Director / Publishing direction: Harald Hof
Print: Books on Demand GmbH, In de Tarpen 42, 22848 Norderstedt, Germany

School
skola

Klassenstuuv
klassrum

delen
dividera

186/2

Tafel
tavla

Schoolhoff
skolgård

Schoolmeester
lärare

Papeer
papper

schrieven
skriva

Sticken
penna

Schrievdisch
skrivbord

Lienholt
linjal

Book
bok

Schöler
elev

Ranzel

skolväska

Feddermapp

pennfodral

Bleesticken

blyertspenna

Scharpmaker

pennvässare

Radeergummi

suddgummi

Tekenblock

ritblock

Teken

teckning

Pinsel

pensel

Malkassen

målarlåda

Scheer

sax

Klever

lim

Heft to'n Öven

övningsbok

Huusopgaav

hemläxa

Tall

tal

2+2

tohooptellen

addera

5-2

aftrecken

subtrahera

2×2

malnehmen

multiplicera

reken

räkna

A

Bookstaav

bokstav

ABCDEFG
HIJKLMN
OPQRSTU
VWXYZ

ABC

alfabet

hello

Woort

ord

Text
············
text

lesen
············
läsa

Kried
············
krita

Stunn
············
lektion

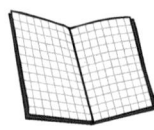

Klassenbook
············
register

Pröven
············
prov

Tüügnis
············
intyg

Schooluniform
············
skoluniform

Utbillen
············
utbildning

Nakieksel
············
uppslagsverk

Universität
············
universitet

Mikroskop
············
mikroskop

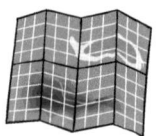

Koort
············
karta

Papeerkorf
············
papperskorg

Törn
resa

Hotel
hotell
Harbarg
vandrarhem
ROOMS
EXCHANGE
Wesselstuuv
växelkontor
Kuffer
resväska
Auto
bil

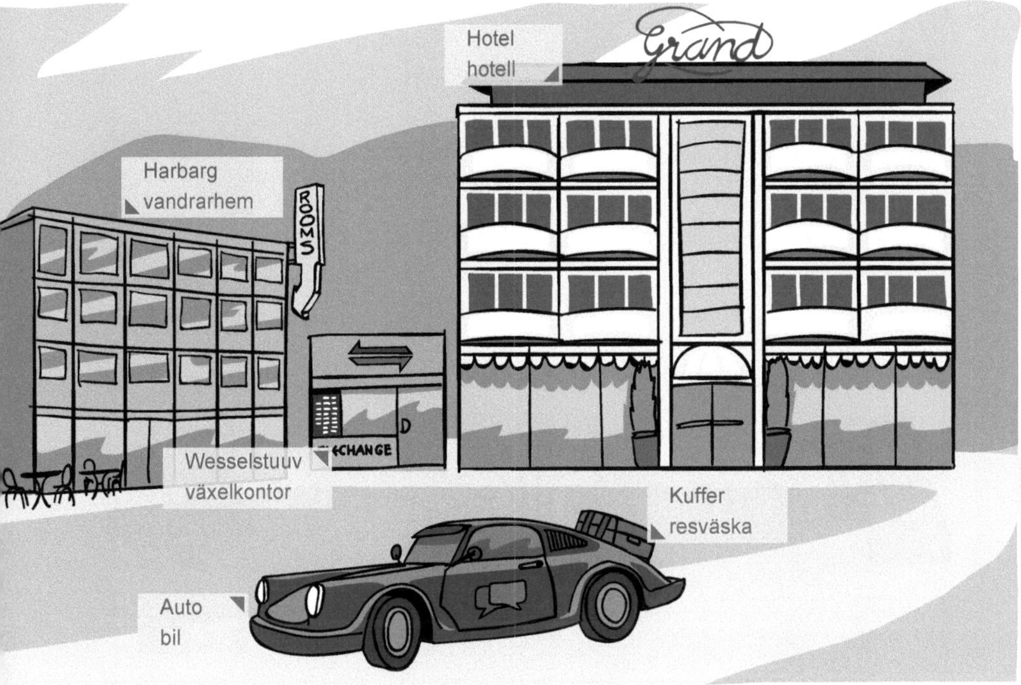

Spraak
språk

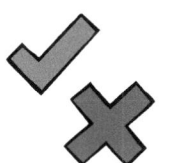

jo / ne
ja / nej

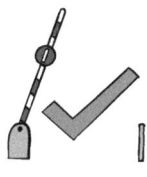

Jo
Okay

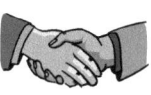

Moin
hej

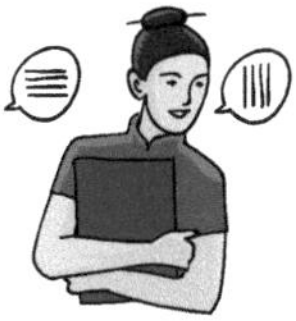

Översetter
översättare

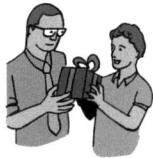

Dank ok
Tack

Wat kost…?

hur mycket kostar…?

Ik verstah nich

jag förstår inte

Problem

problem

Goden Avend

God kväll!

Moin!

God morgon!

Gode Nacht!

God natt!

Tschüüs

hejdå

Richt

riktning

Bagaasch

bagage

Tasch

väska

Rüchsack

ryggsäck

Gast

gäst

Stuuv

rum

Slaapsack

sovsäck

Telt

tält

Touristeninformatschoon

turistinformation

Strand

strand

Kreditkoort

kreditkort

Fröhstück

frukost

Meddageten

lunch

Avendeten

middag

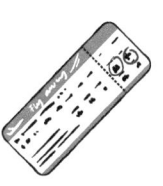

Fohrkort

biljett

Fohrstohl

hiss

Breefmark

frimärke

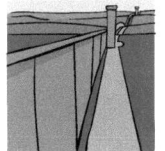

Grenz

gräns

Toll

tull

Bottschop

ambassad

Visum

visum

Pass

pass

Transport
transport

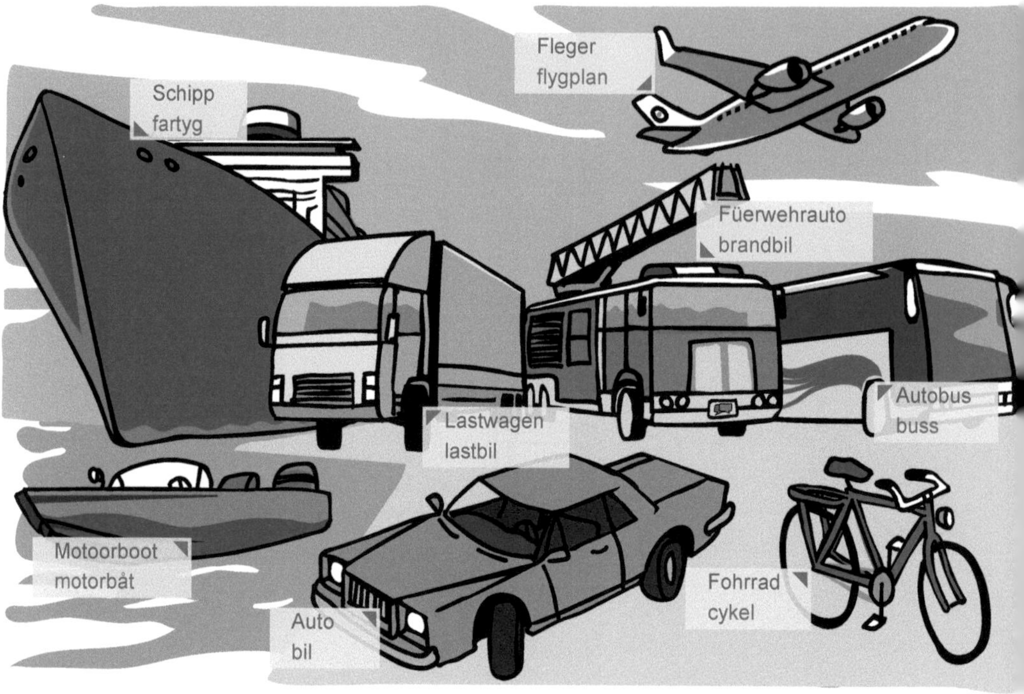
Fleger
flygplan
Schipp
fartyg
Füerwehrauto
brandbil
Autobus
buss
Lastwagen
lastbil
Motoorboot
motorbåt
Fohrrad
cykel
Auto
bil

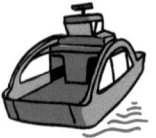

Fähr
färja

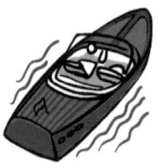

Boot
båt

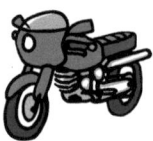

Motoorrad
motorcykel

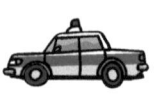

Polizeiauto
polisbil

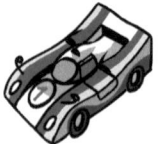

Rönnauto
racerbil

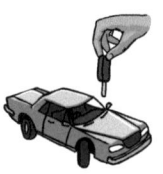

Lehnwagen
hyrbil

Carsharing
bilpool

Afsleepwagen
bärgningsbil

Müllauto
sopbil

Motoor
motor

Kraftstoff
bränsle

Tanksteed
bensinstation

Verkehrsschild
vägmärke

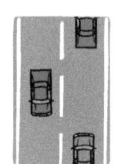

Verkehr
trafik

Stau
bilkö

Afstellplatz
parkeringsplats

Bahnhoff
tågstation

Sporen
räls

Tog
tåg

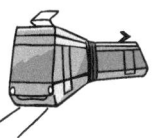

Stratenbahn
spårvagn

Wagon
vagn

Dwarsmöhl

helikopter

Flooghaven

flygplats

Tower

torn

Fohrgast

passagerare

Grootkist

container

Karton

kartong

Koor

vagn

Korf

korg

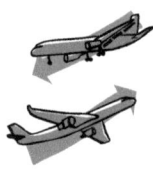

starten / lannen

starta / landa

Stadt
stad

Dörp

by

Binnenstadt

centrum

Huus

hus

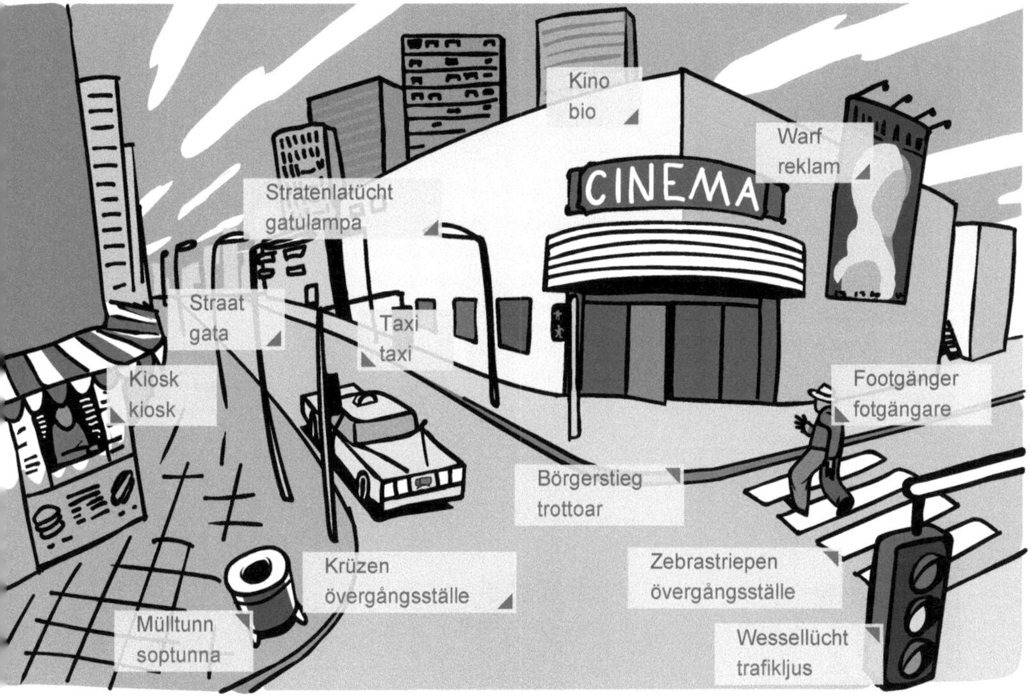

Kino
bio

Warf
reklam

Stratenlatücht
gatulampa

CINEMA

Straat
gata

Taxi
taxi

Kiosk
kiosk

Footgänger
fotgängare

Börgerstieg
trottoar

Krüzen
övergångsställe

Zebrastriepen
övergångsställe

Mülltunn
soptunna

Wessellücht
trafikljus

Hütt
....
stuga

Wahnung
....
lägenhet

Bahnhoff
....
tågstation

Raathuus
....
stadshus

MUSEUM

Museum
....
museum

School
....
skola

Universität

universitet

Bank

bank

Krankenhuus

sjukhus

Hotel

hotell

Afteek

apotek

Büro

kontor

Bookhökerie

bokhandel

Hökerie

affär

Blomenhökerie

blomsterbutik

Supermarkt

stormarknad

Markt

marknad

Koophuus

varuhus

Fischhökerie

fiskhandlare

Inkoopszentrum

köpcentrum

Haven

hamn

Parkanlaag

park

Bank

bänk

Brüch

brygga

Trepp

trappa

Ünnergrundbahn

tunnelbana

Tunnel

tunnel

Busstoppsteed

busshållplats

Bar

bar

Spieslokal

restaurang

Breefkassen

brevlåda

Stratenschild

gatuskylt

Parkklock

parkeringsautomat

Deertenpark

zoo

Baadanstalt

simbassäng

Moschee

moské

Buernhoff

bondgård

Ümweltversmudden

förorening

Karkhoff

kyrkogård

Kark

kyrka

Speelplatz

lekplats

Tempel

tempel

Landschop
landskap

Blatt
löv

Wiespahl
vägskylt

Weg
väg

Wisch
äng

Steen
sten

Wannerer
liftare

Boom
träd

Fluss
flod

Gras
gräs

Bloom
blomma

Daal

dal

Barg

kulle

See

sjö

Holt

skog

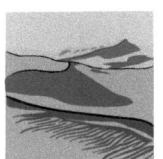

Wööst

öken

Füerspien Barg

vulkan

Slott

slott

Regenbagen

regnbåge

Poggenstohl

svamp

Palm

palm

Steekmück

mygga

Fleeg

fluga

Miegeemk

myra

Imm

bi

Spinn

spindel

Sebber

skalbagge

Pogg

groda

Katteker

ekorre

Swienegel

igelkott

Haas

hare

Uul

uggla

Vagel

fågel

Swaan

svan

Wildswien

vildsvin

Hirsch

rådjur

Elk

älg

Staudamm

damm

Windrad

vindkraftverk

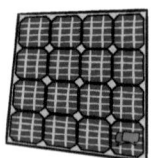

Solarmodul

solcellspanel

Klima

klimat

Spieslokal
restaurang

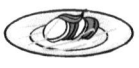

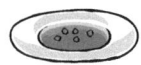

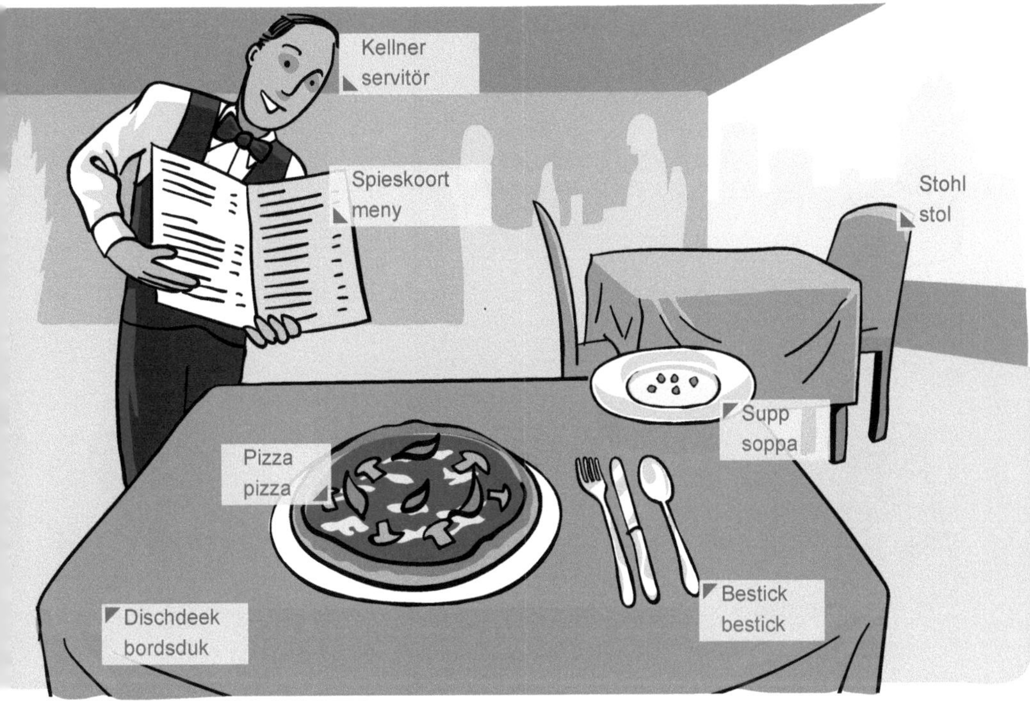
Kellner
servitör
Spieskoort
meny
Stohl
stol
Supp
soppa
Pizza
pizza
Bestick
bestick
Dischdeek
bordsduk

Vörspies

förrätt

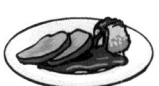

Haupteten

huvudrätt

Nadisch

dessert

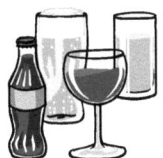

Drünk

drycker

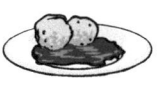

Eten

mat

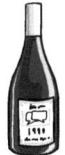

Buddel

flaska

Fastfood

snabbmat

Strateneten

street food

Teekann

tekanna

Zuckerdoos

sockerskål

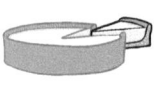

Portschoon

portion

Espressomaschien

espressomaskin

Hoochstohl

barnstol

Reken

räkning

Tablett

bricka

Mess

kniv

Gavel

gaffel

Lepel

sked

Teelepel

tesked

Munddook

servett

Glas

glas

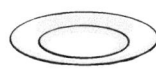

Töller

tallrik

Suppentöller

sopptallrik

Ünnertass

tefat

Sooß

sås

Soltstreuer

saltkar

Pepermöhl

pepparkvarn

Etig

vinäger

Ööl

olja

Krüder

kryddor

Ketchup

ketchup

Mostrich

senap

Mayonnaise

majonnäs

Supermarkt
stormarknad

Anbott
specialerbjudande
FOR
Kunn
kund
Melkprodukten
mejeriprodukter
Aaft
frukt
Inkoopswagen
varukorg

BUTCHERS

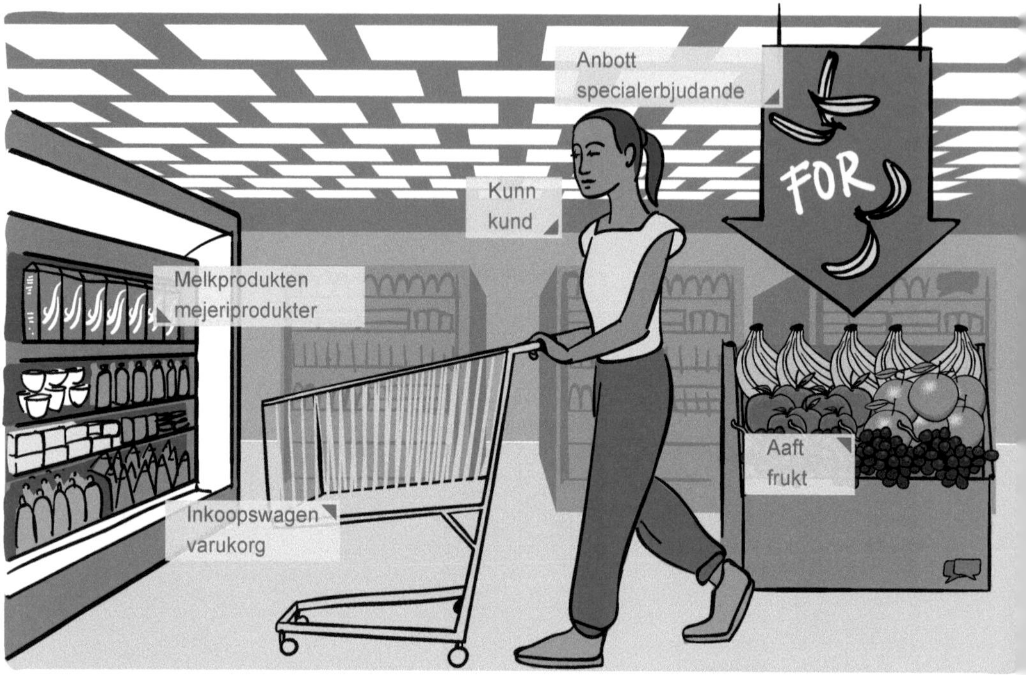

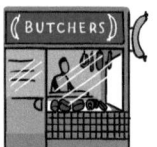

Slachterie

charkuteri

BAKERY

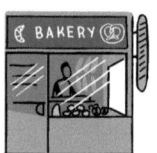

Bäckerie

bageri

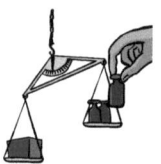

wegen

väga

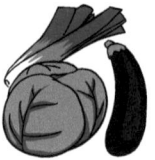

Gröönsaken

grönsaker

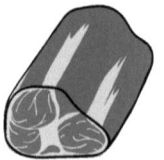

Fleesch

kött

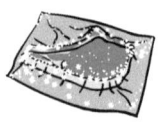

Deepköhlkost

frysta livsmedel

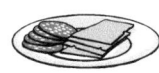

Opsnitt

pålägg

Konserven

konserver

Waschmiddel

tvättmedel

Snoopkraam

godis

Huushooltssaken

hushållsprodukter

Reinmaaktüüch

rengöringsmedel

Verköpersche

försäljare

Kass

kassa

Kasserer

kassör

Inkoopslist

inköpslista

Opsparrtieden

öppettider

Breeftasch

plånbok

Kreditkoort

kreditkort

Tasch

väska

Plastiktüüt

plastpåse

Water

vatten

Saft

juice

Melk

mjölk

Cola

cola

Wien

vin

Beer

öl

Spriet

alkohol

Kakao

kakao

Tee

te

Koffie

kaffe

Espresso

espresso

Cappucino

cappuccino

Banaan

banan

Appel

äpple

Appelsien

apelsin

Meloon

melon

Zitroon

citron

Wöttel

morot

Knuuvlook

vitlök

Bambus

bambu

Zibbel

lök

Poggenstohl

svamp

Nööt

nötter

Nudeln

nudlar

Spaghetti

spaghetti

Ries

ris

Salat

sallad

Pommes frites

pommes frites

Braadkantüffeln

stekt potatis

Pizza

pizza

Hamborger

hamburgare

Sandwich

smörgås

Snitzel

schnitzel

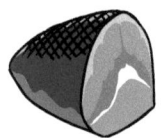

Schinken

skinka

Salami

salami

Wust

korv

Hohn

kyckling

Braden

stek

Fisch

fisk

Haverflocken

havregryn

Müsli

müsli

Cornflakes

cornflakes

Mehl

mjöl

Croissant

croissant

Rundstück

fralla

Broot

bröd

Toast

rostat bröd

Keksen

kex

Botter

smör

Quark

kvarg

Koken

kaka

Ei

ägg

Spegelei

stekt ägg

Kees

ost

les
glass

Zucker
socker

Honnig
honung

Marmelaad
sylt

Nougat-Creme
nougatkräm

Curry
curry

Buernhoff
bondgård

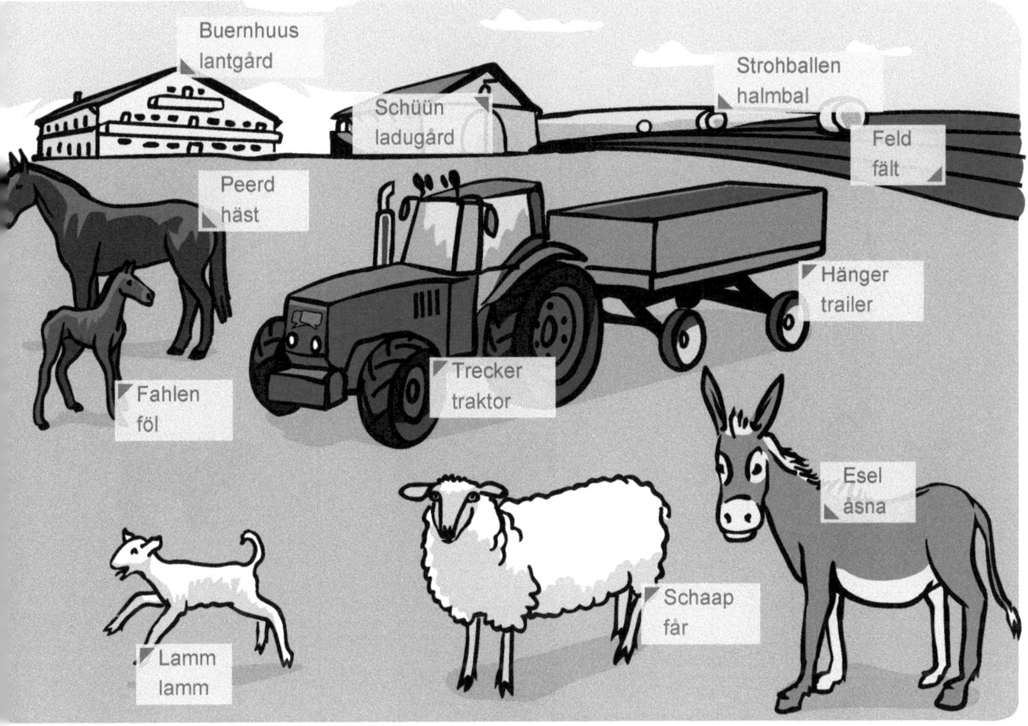

Buernhuus
lantgård
Schüün
ladugård
Strohballen
halmbal
Feld
fält
Peerd
häst
Hänger
trailer
Trecker
traktor
Fahlen
föl
Esel
åsna
Schaap
får
Lamm
lamm

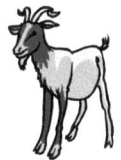

Zeeg

get

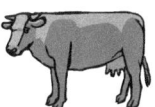

Koh

ko

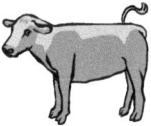

Kalf

kalv

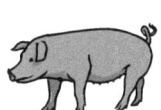

Swien

gris

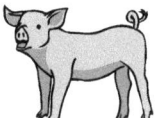

Farken

griskulting

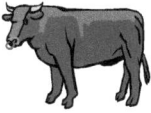

Bull

tjur

Goos

gås

Aant

anka

Küken

kyckling

Hohn

höna

Hahn

tupp

Rott

råtta

Katt

katt

Muus

mus

Oss

oxe

Hund

hund

Hunnenhütt

hundkoja

Goornslauch

trädgårdsslang

Geetkann

vattenkanna

Lee

lie

Ploog

plog

Sich

skära

Hack

hacka

Mestfork

högaffel

Ext

yxa

Schuufkoor

skottkärra

Trog

tråg

Melkkann

mjölkflaska

Sack

säck

Tuun

staket

Stall

stall

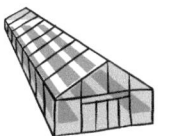

Drievhuus

växthus

Bodden

jord

Saat

säd

Dünger

gödsel

Meihdöscher

skördetröska

oornen
skörda

Oorn
skörd

Yamswöttel
jams

Weten
vete

Soja
soja

Kantüffel
potatis

Törksche Weten
majs

Rapp
raps

Aaftboom
fruktträd

Troopsch Kantüffel
maniok

Koorn
spannmål

Huus
hus

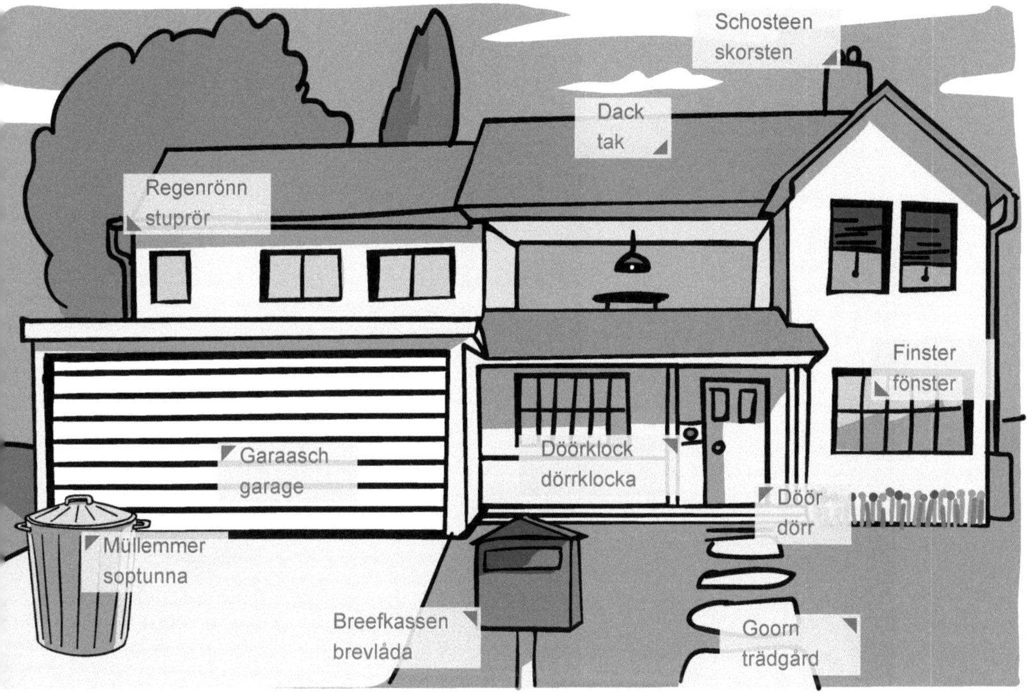

Schosteen
skorsten
Dack
tak
Regenrönn
stuprör
Finster
fönster
Garaasch
garage
Döörklock
dörrklocka
Döör
dörr
Müllemmer
soptunna
Breefkassen
brevlåda
Goorn
trädgård

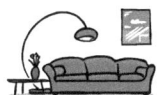

Wahnstuuv

vardagsrum

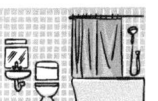

Baadstuuv

badrum

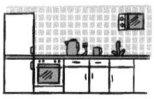

Köök

kök

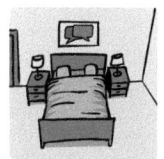

Slaapstuuv

sovrum

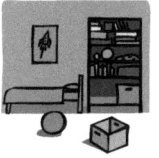

Kinnerstuuv

barnrum

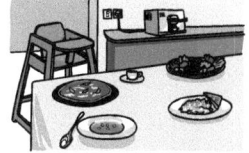

Eetstuuv

matsal

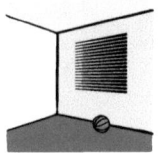

Footbodden
golv

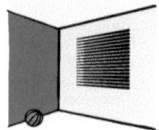

Wand
vägg

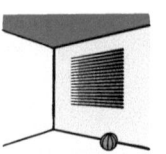

Deek
tak

Keller
källare

Hittluftbad
bastu

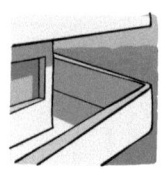

Balkon
balkong

Terrass
terrass

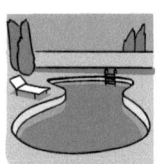

Swümmbad
bassäng

Rasenmeiher
gräsklippare

Bettbetog
lakan

Bettdeek
överkast

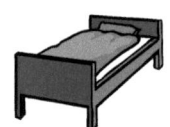

Puuch
säng

Bessen
kvast

Emmer
hink

Schalter
strömbrytare

Wahnstuuv
vardagsrum

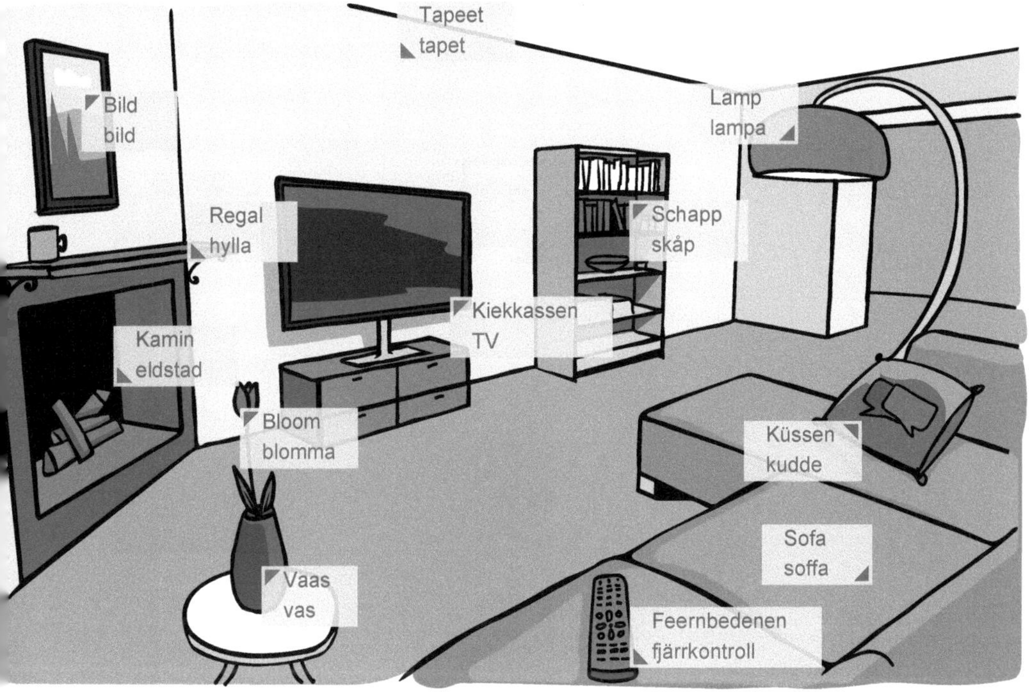
Tapeet
tapet
Bild
bild
Lamp
lampa
Regal
hylla
Schapp
skåp
Kiekkassen
TV
Kamin
eldstad
Bloom
blomma
Küssen
kudde
Sofa
soffa
Vaas
vas
Feernbedenen
fjärrkontroll

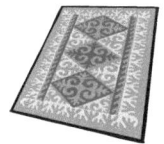

Teppich

matta

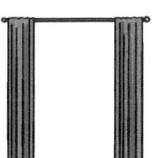

Vörhang

gardin

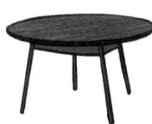

Disch

bord

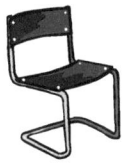

Stohl

stol

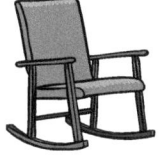

Schuckelstohl

gungstol

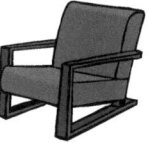

Sessel

fåtölj

Book

bok

Deek

filt

Dekoratschoon

dekoration

Füerholt

vedträ

Film

film

Stereoanlaag

stereoanläggning

Slötel

nyckel

Narichtenblatt

dagstidning

Gemälde

målning

Poster

poster

Radio

radio

Opschrievblock

anteckningsbok

Huulbessen

dammsugare

Kaktus

kaktus

Kars

stearinljus

Köök
kök

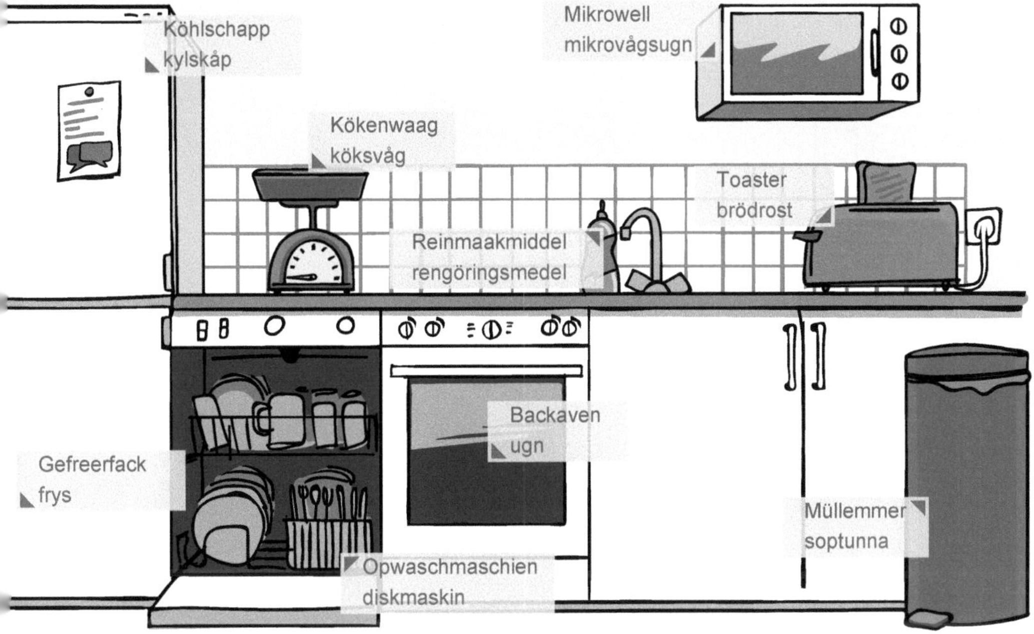

Köhlschapp
kylskåp
Mikrowell
mikrovågsugn
Kökenwaag
köksvåg
Toaster
brödrost
Reinmaakmiddel
rengöringsmedel
Backaven
ugn
Gefreerfack
frys
Müllemmer
soptunna
Opwaschmaschien
diskmaskin

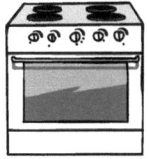

Heerd
spis

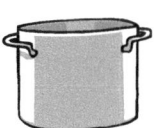

Pott
kastrull

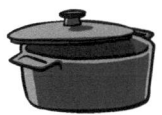

Gussiesern Putt
järngryta

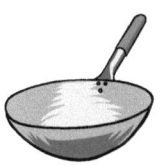

Wok / Kadai
wok / kadai

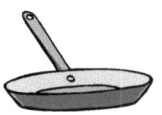

Pann
stekpanna

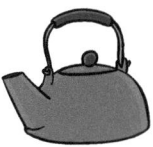

Waterkaker
vattenkokare

Dampkaakputt

ångkokare

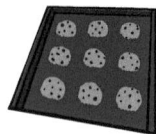

Backblick

bakplåt

Geschirr

porslin

Beker

mugg

Schaal

skål

Eetsticken

ätpinnar

Suppenkell

soppslev

Pannenwenner

stekspade

Sneebessen

visp

Kaakseef

durkslag

Seef

sil

Riev

rivjärn

Mörser

mortel

Grill

grill

Füerstell

brasa

Sniedbrett

skärbräda

Nudelholt

kavel

Proppentrecker

korkskruv

Doos

burk

Dosenaapner

burköppnare

Pottlappen

grytlapp

Waschbecken

vask

Böst

borste

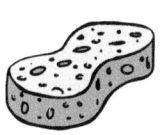

Swamm

svamp

Mixer

mixer

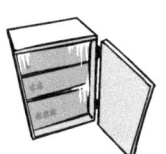

lesschapp

frys

Nuckelbuddel

nappflaska

Waterhahn

kran

Baadstuuv
badrum

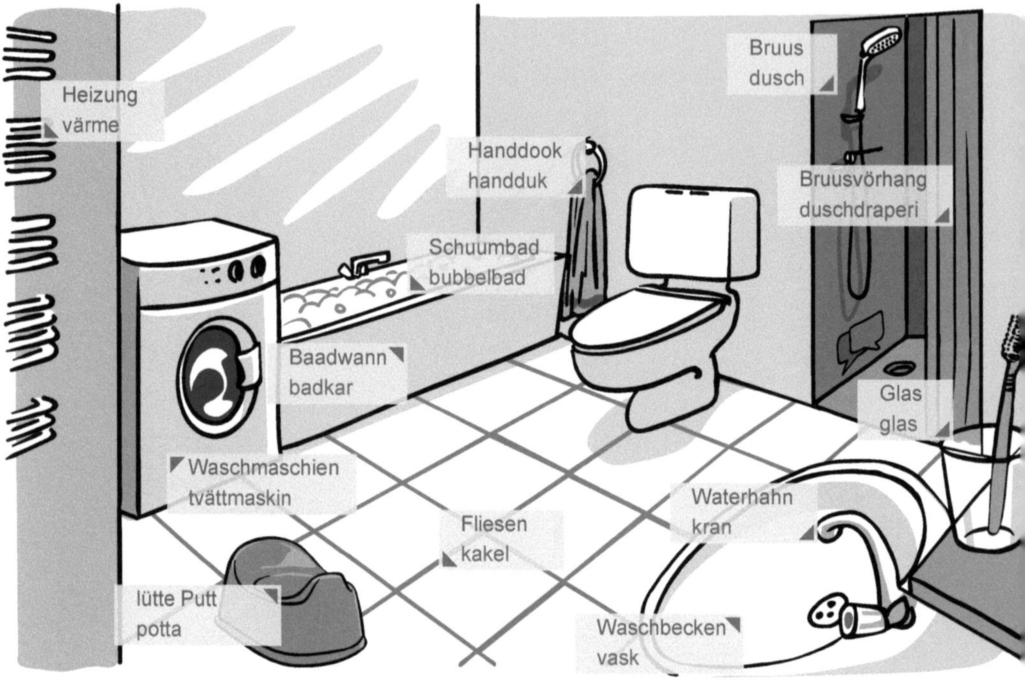
Heizung
värme
Handdook
handduk
Bruus
dusch
Bruusvörhang
duschdraperi
Schuumbad
bubbelbad
Baadwann
badkar
Glas
glas
Waschmaschien
tvättmaskin
Waterhahn
kran
Fliesen
kakel
lütte Putt
potta
Waschbecken
vask

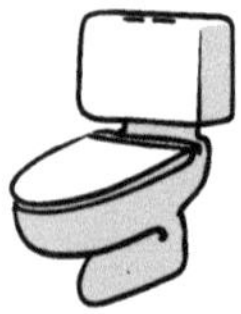

Tante Meier

toalett

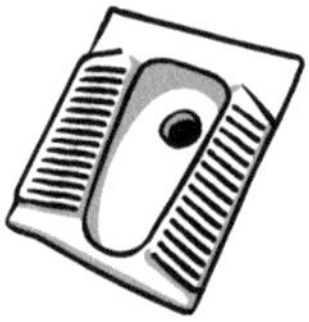

Hockklo

låg toalett

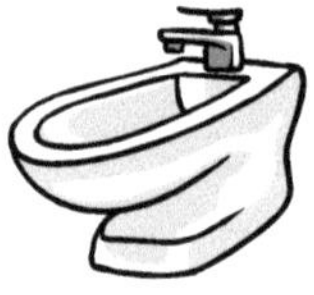

Bidet

bidet

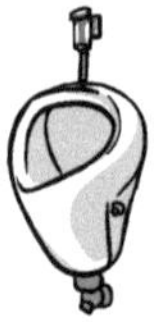

Miegbecken

pissoar

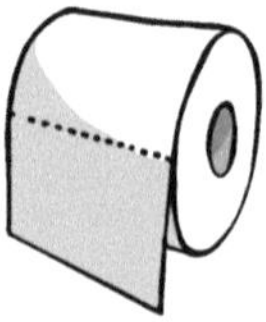

Klopapeer

toalettpapper

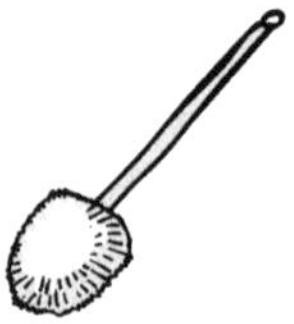

Kloböst

toalettborste

Tähnböst

tandborste

Tähnpast

tandkräm

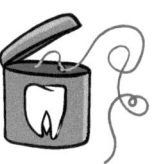

Tähnsied

tandtråd

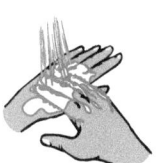

waschen

tvätta

Handbruus

handdusch

Intimbruus

intimdusch

Waschschöttel

handfat

Rüchböst

ryggborste

Seep

tvål

Bruusgeel

duschgel

Hoorwaschmiddel

schampo

Waschlappen

trasa

Afloop

avlopp

Creme

crème

Deodorant

deodorant

Spegel

spegel

Kosmetikspegel

handspegel

Raserer

rakhyvel

Raseerschuum

raklödder

Raseerwater

rakvatten

Kamm

kam

Böst

borste

Hoordröger

hårtork

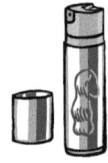

Hoorspray

hårspray

Smink

smink

Lippensticken

läppstift

Nagellack

nagellack

Watt

bomullsvadd

Nagelscheer

nagelsax

Rüükwater

parfym

Kulturbüdel

necessär

Schemel

pall

Waag

våg

Baadmantel

badrock

Gummihanschen

gummihandskar

Tampon

tampong

Damenbinn

binda

Chemieklo

kemisk toalett

Kinnerstuuv
barnrum

Wecker
väckarklocka
Knudeldeert
gosedjur
Speeltüüchauto
leksaksbil
Klöter
skallra
Poppenhuus
dockhus
Geschenk
present

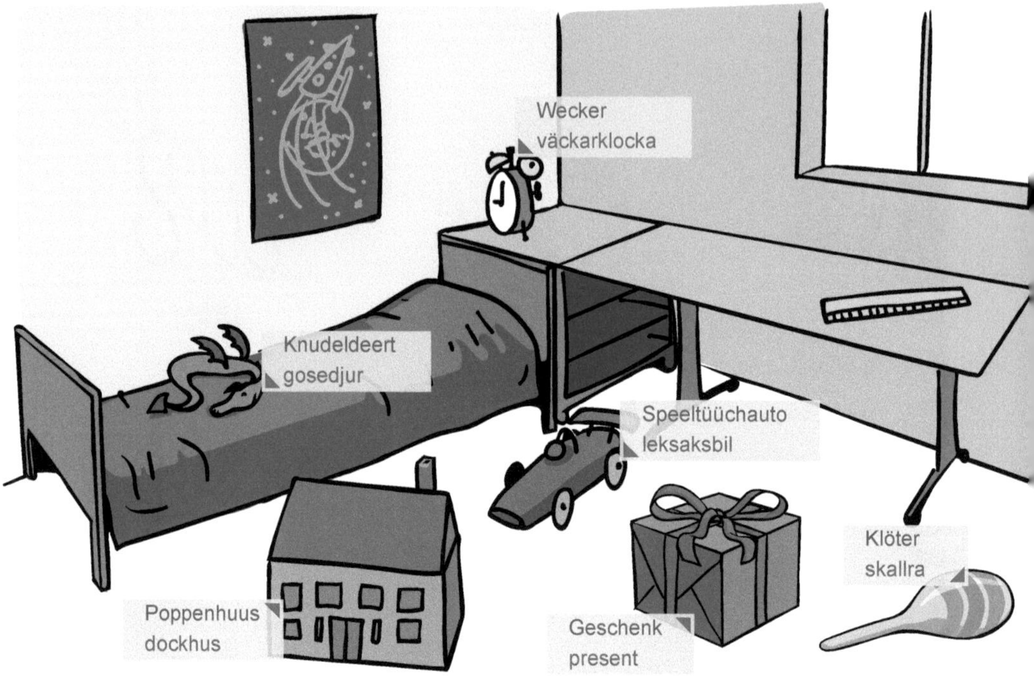

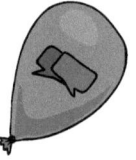

Luftballon

ballong

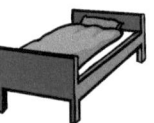

Puuch

säng

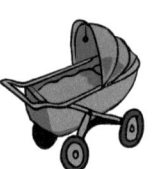

Kinnerwagen

barnvagn

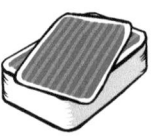

Koortenspeel

kortlek

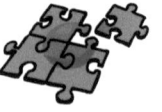

Puzzle

pussel

Billergeschicht

serietidning

Legostenen

legobitar

Bustenen

klossar

Action-Figur

actionfigur

Strampelantog

sparkdräkt

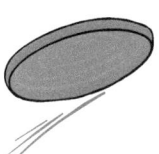

Frisbeeschiev

frisbee

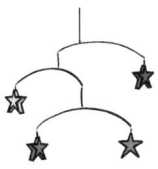

Mobile

mobil

Brettspeel

brädspel

Wörpel

tärning

Modelliesenbahn

modelljärnväg

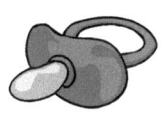

Snuller

napp

Party

party

Billerbook

bilderbok

Ball

boll

Popp

docka

spelen

spela

Sandkassen

sandlåda

Schuckel

gunga

Speeltüüch

leksaker

Speelkonsool

spelkonsol

Dreerad

trehjuling

Teddyboor

nalle

Klederschapp

garderob

Socken

sockar

Strümp

strumpor

Strumpbüx

tights

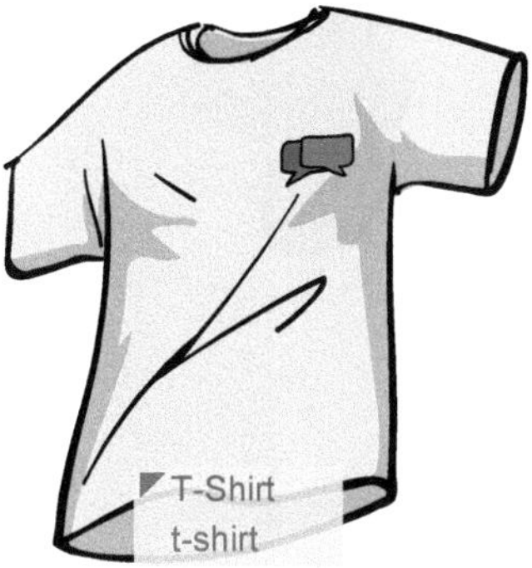

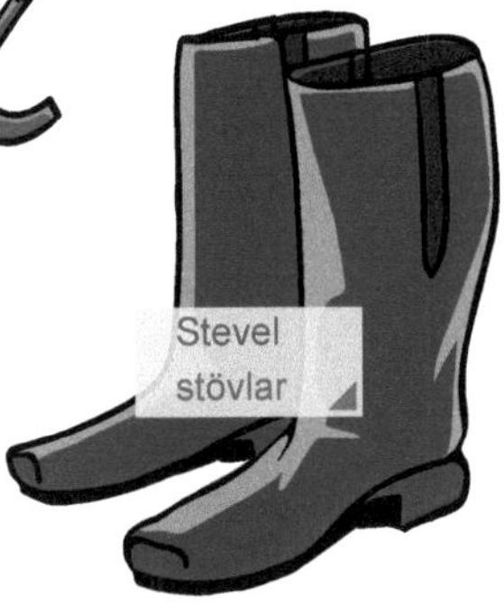

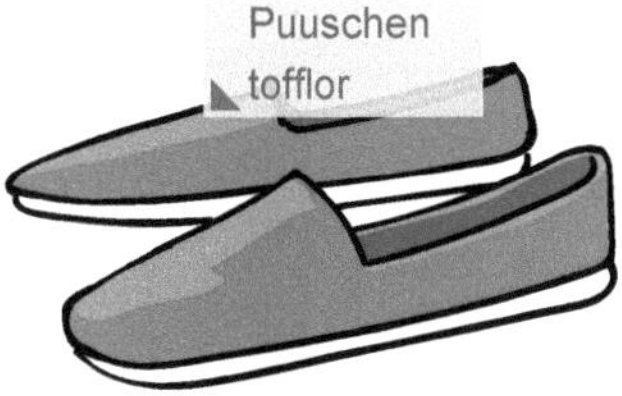

Halsdook
halsduk

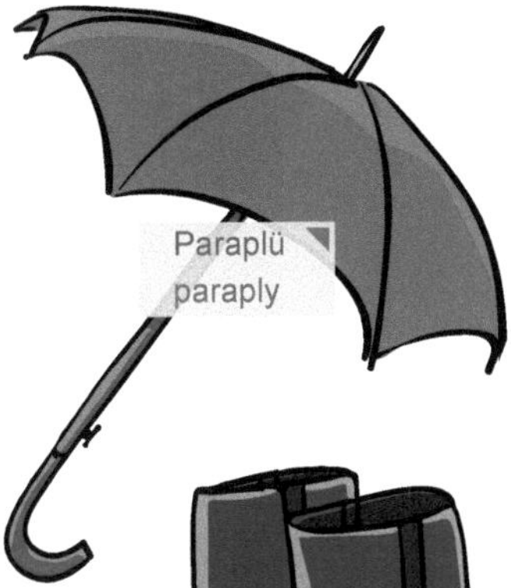

Liefreem
bälte

Paraplü
paraply

T-Shirt
t-shirt

Stevel
stövlar

Puuschen
tofflor

Turnschoh
sneakers

Sandalen
....
sandaler

Schoh
....
skor

Gummistevel
....
gummistövlar

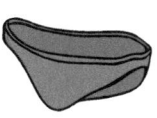

Ünnerbüx
....
underbyxor

Bostholler
....
BH

Ünnerhemd
....
linne

Lief

body

Büx

byxor

Jeansnüx

jeans

Rock

kjol

Bluus

blus

Hemd

skjorta

Pullover

pullover

Kapuzenpullover

sweater

Blazer

blazer

Jack

jacka

Mantel

kappa

Övertrecker

regnjacka

Kostüm

dräkt

Kleed

klänning

Hochtietskleed

bröllopsklänning

Antog

kostym

Nachtkleed

nattlinne

Slaapantog

pyjamas

Sari

sari

Koppdook

slöja

Turban

turban

Burka

burka

Kaftan

kaftan

Abaya

abaya

Baadantog

baddräkt

Baadbüx

badbyxor

Korte Büx

shorts

Antog to'n Öven

träningsoverall

Schört

förkläde

Handschoh

handskar

Knopp

knapp

Brill

glasögon

Armband

armband

Halskeed

halsband

Ring

ring

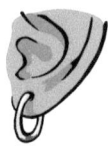

Ohrbummel

örhänge

Mütz

mössa

Klederbögel

galge

Hoot

hatt

Binner

slips

Rietslüter

dragkedja

Helm

hjälm

Drachtband

hängslen

Schooluniform

skoluniform

Uniform

uniform

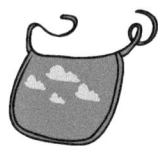

Severböten
haklapp

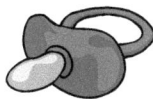

Snuller
napp

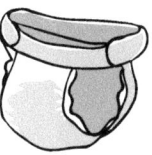

Winnel
blöja

Büro
kontor

Server
server
Aktenschapp
dokumentskåp
Drucker
skrivare
Papeer
papper
Bildschirm
bildskärm
Schrievdisch
skrivbord
Muus
mus
Orner
mapp
Knoopboord
tangentbord
Stohl
stol
Papeerkorf
papperskorg
Computer
dator

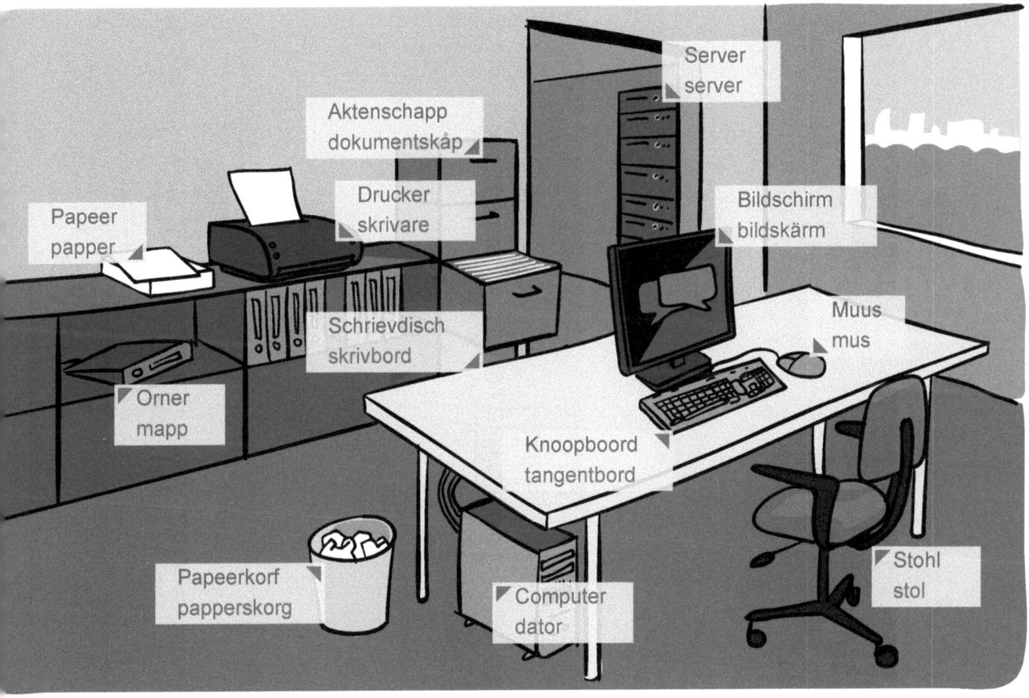

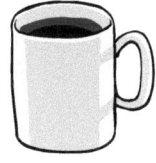

Koffiebeker
kaffemugg

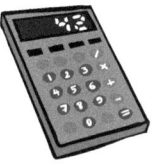

Taschenreekner
miniräknare

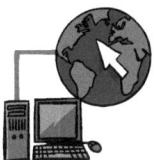

Internet
internet

Klappreekner

bärbar dator

Breef

brev

Naricht

meddelande

Ackersnacker

mobiltelefon

Nettwark

nätverk

Kopeerapparat

kopieringsapparat

Software

programvara

Klöönkassen

telefon

Steekdoos

vägguttag

Faxapparat

fax

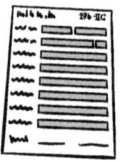

Formulor

blankett

Dokument

dokument

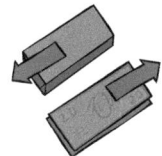

köpen
köpa

betahlen
betala

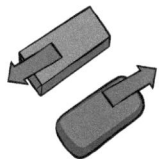

hanneln
handla

Geld
pengar

Dollar
dollar

Euro
euro

Yen
yen

Ruvel
rubel

Swiezer Franken
schweizisk franc

Renminbi Yuan
renminbi yan

Rupie
rupie

Geldautomat
bankomat

Wesselstuuv
....
växelkontor

Gold
....
guld

Sülver
....
silver

Ööl
....
olja

Energie
....
energi

Pries
....
pris

Verdrag
....
kontrakt

Stüer
....
skatt

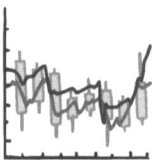

Andeelschien
....
aktie

arbeiden
....
arbeta

Anstellte
....
anställd

Arbeitgever
....
arbetsgivare

Fabrik
....
fabrik

Hökerie
....
affär

Profeschonen
yrken

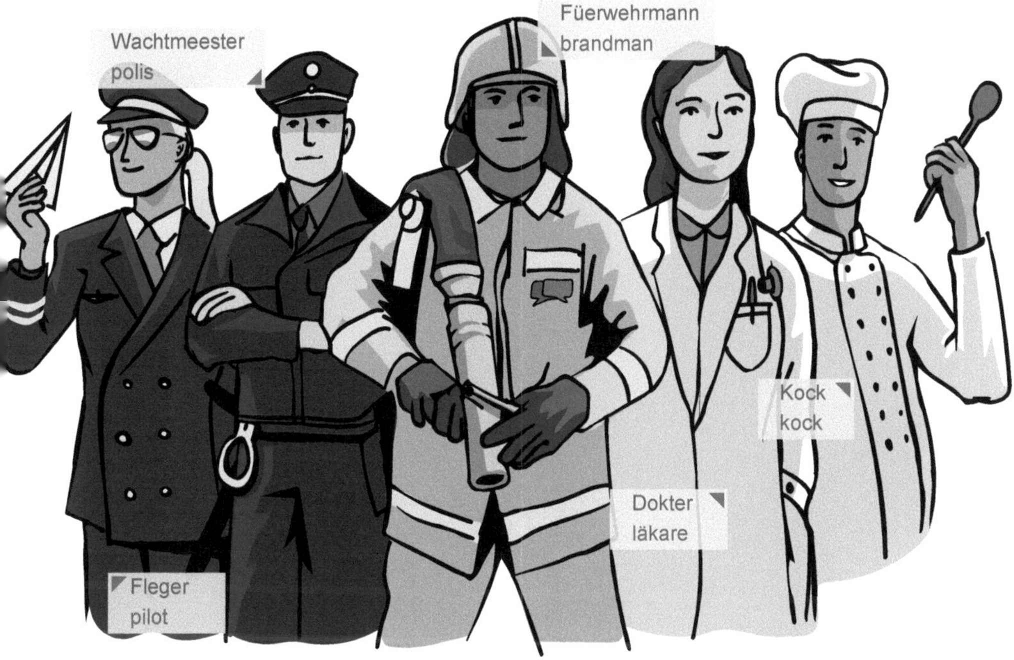
Wachtmeester
polis
Füerwehrmann
brandman
Kock
kock
Dokter
läkare
Fleger
pilot

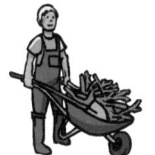

Goorner

trädgårdsmästare

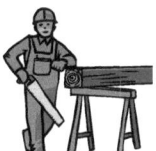

Discher

snickare

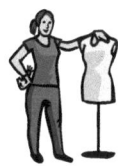

Neihersche

sömmerska

Richter

domare

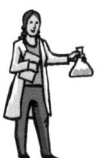

Chemiker

kemist

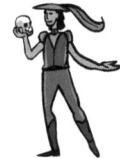

Schauspeler

skådespelare

Busfohrer

busschaufför

Taxifohrer

taxichaufför

Fischer

fiskare

Reinmaakfru

städerska

Dackdecker

takläggare

Kellner

servitör

Jäger

jägare

Maler

målare

Bäcker

bagare

Elektriker

elektriker

Buarbeider

byggarbetare

Ingenieur

ingenjör

Slachter

slaktare

Klempner

rörmokare

Postbüdel

brevbärare

Suldat

soldat

Architekt

arkitekt

Kasserer

kassör

Florist

florist

Putzbüdel

frisör

Schaffner

konduktör

Mechaniker

mekaniker

Kaptein

kapten

Tähndokter

tandläkare

Wetenschopler

vetenskapsman

Rabbi

rabbin

Imam

imam

Mönk

munk

Paap

präst

Warktüüch
verktyg

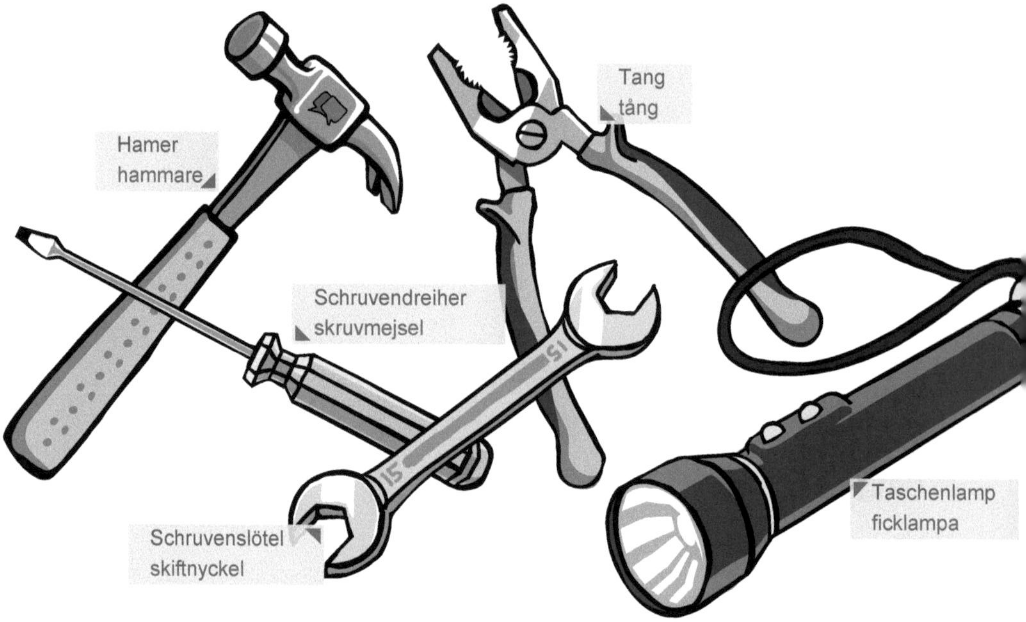
Tang
tång
Hamer
hammare
Schruvendreiher
skruvmejsel
Schruvenslötel
skiftnyckel
Taschenlamp
ficklampa

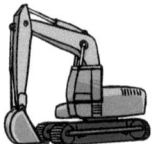

Grieper

grävmaskin

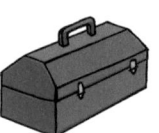

Warktüüchkassen

verktygslåda

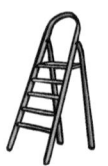

Ledder

stege

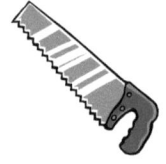

Saag

såg

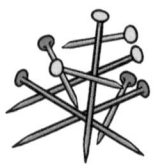

Nagels

spik

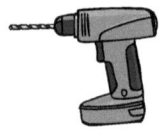

Bohrer

borr

heelmaken

reparera

Schüffel

spade

Schiet!

Helvete!

Kehrblick

sopskyffel

Farvpott

färgburk

Schruven

skruvar

Musikinstrumenten
musikinstrument

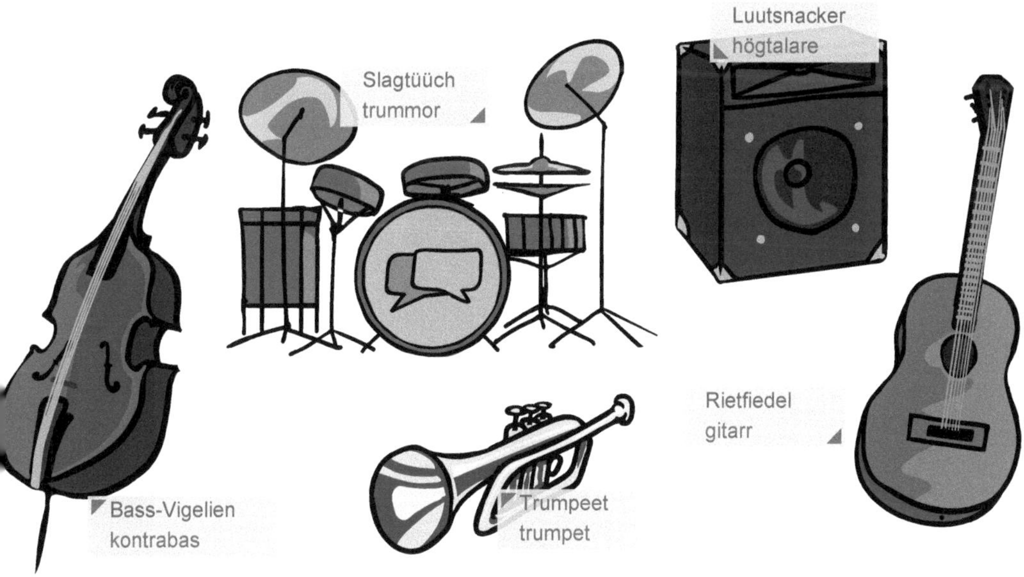

Slagtüüch
trummor

Luutsnacker
högtalare

Bass-Vigelien
kontrabas

Trumpeet
trumpet

Rietfiedel
gitarr

Klaveer

piano

Vigelien

violin

Bass

bas

Pauk

timpani

Trummeln

trumma

Keyboard

keyboard

Saxophon

saxofon

Fleut

flöjt

Mikrofoon

mikrofon

Deertenpark

zoo

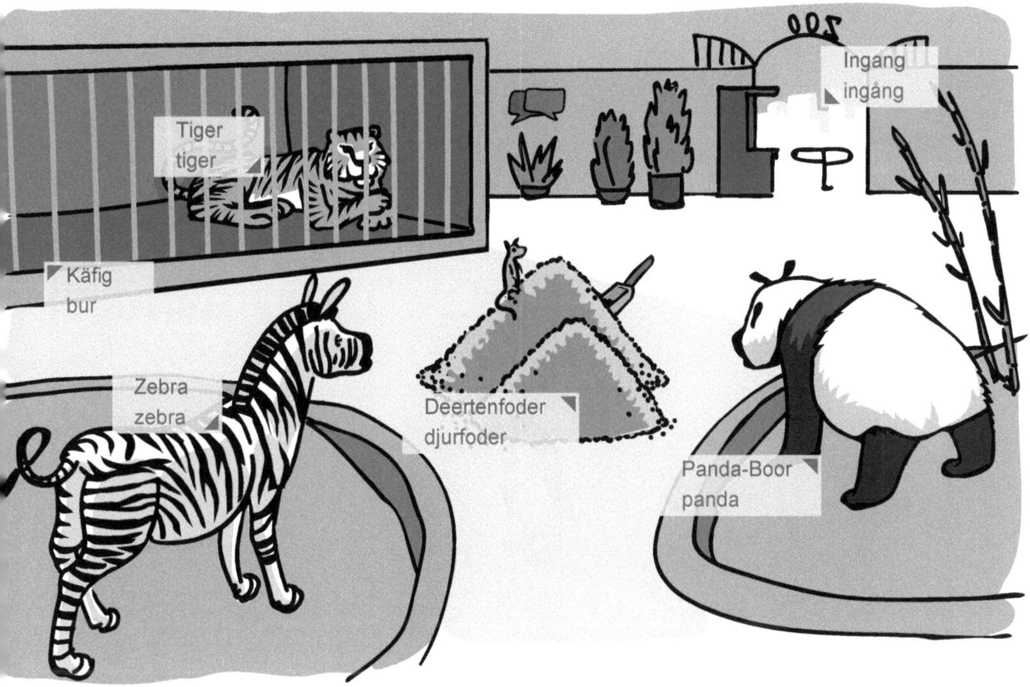

Ingang
ingång
Tiger
tiger
Käfig
bur
Zebra
zebra
Deertenfoder
djurfoder
Panda-Boor
panda

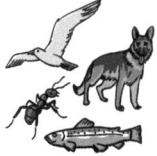

Deerten

djur

Elefant

elefant

Känguru

känguru

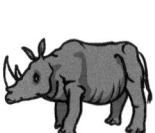

Neeshoorn

noshörning

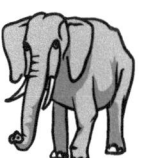

Gorilla

gorilla

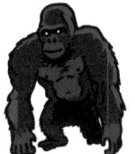

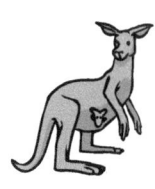

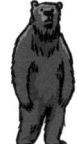

Boor

björn

Kameel

kamel

Struuß

struts

Lööv

lejon

Aap

apa

Flamingo

flamingo

Papagoi

papegoja

Iesboor

isbjörn

Pinguin

pingvin

Haifisch

haj

Pageluun

påfågel

Slang

orm

Krokodil

krokodil

Oppasser in'n Deertenpark

djurskötare

Saalhund

säl

Jaguor

jaguar

Pony

ponny

Leopard

leopard

Nilpeerd

flodhäst

Giraff

giraff

Aadler

örn

Wildswien

vildsvin

Fisch

fisk

Schildkrööt

sköldpadda

Walross

valross

Voss

räv

Gazell

gazell

Amerikaansch Football
amerikansk fotboll

Radfohren
cykling

Tennis
tennis

Korfball
basket

Swümmen
simning

Boxen
boxning

Ieshockey
ishockey

Football
fotboll

Fedderball
badminton

Leichtathletik
friidrott

Handball
handboll

Skilopen
skidåkning

Polo
polo

Aktivitäten
aktiviteter

lachen
skratta
springen
hoppa
ümarmen
krama
gahn
gå
singen
sjunga
drömen
drömma
beden
be
snuteln
kyssa

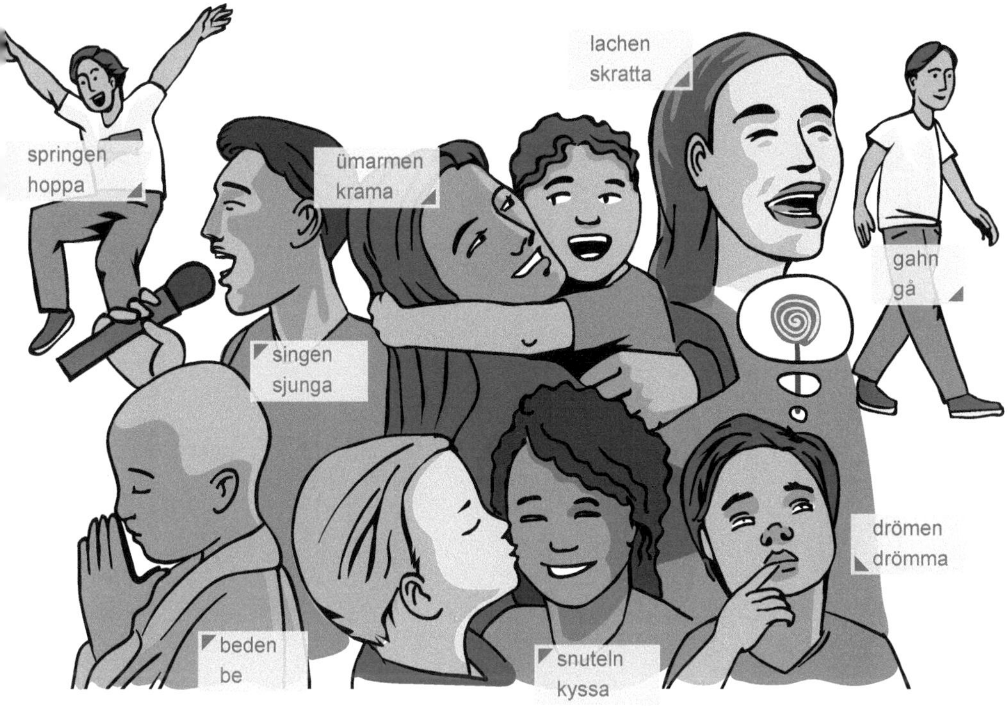

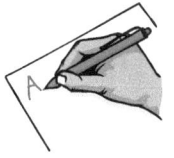

schrieven
skriva

teken
rita

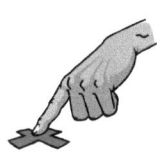

wiesen
visa

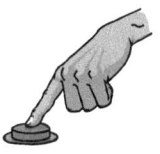

drücken
skjuta

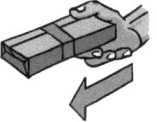

geven
ge

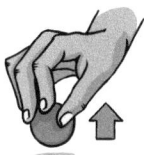

nehmen
ta

hebben
hagel

doon
göra

sien
vara

stahn
stå

lopen
springa

trecken
dra

smieten
kasta

fallen
falla

liggen
ligga

töven
vänta

dregen
bära

sitten
sitta

antrecken
klä på

slapen
sova

opwaken
vakna

ankieken

se på

wenen

gråta

eien

smeka

kämmen

kamma

snacken

prata

verstahn

förstå

fragen

fråga

hören

höra

drinken

dricka

eten

äta

oprümen

städa

leefhebben

älska

kaken

laga mat

fohren

köra

flegen

flyga

segeln

segla

reken

räkna

lesen

läsa

lehren

lära sig

arbeiden

arbeta

de Plünnen tohoopsmieten

gifta sig

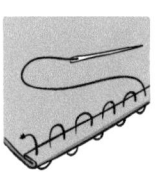

neihen

sy

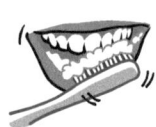

Tähnen putzen

borsta tänderna

dootmaken

döda

smöken

röka

schicken

skicka

Familje
familj

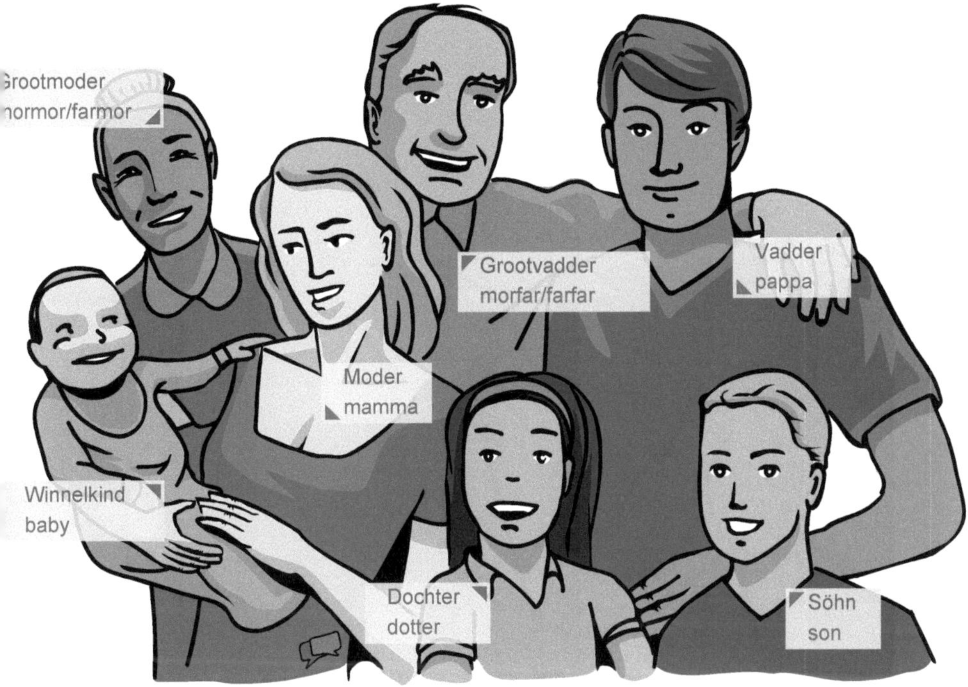

rootmoder
ormor/farmor
Grootvadder
morfar/farfar
Vadder
pappa
Moder
mamma
Winnelkind
baby
Dochter
dotter
Söhn
son

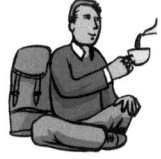

Gast
gäst

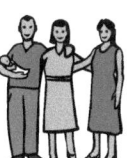

Tant
moster/faster

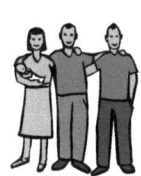

Unkel
farbror/morbror

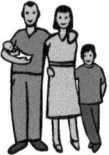

Broder
bror

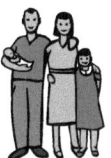

Süster
syster

Lief

kropp

Vörkopp
panna
Oog
öga
Schuller
skuldra
Finger
finger
Gesicht
ansikte
Kinn
haka
Hand
hand
Bost
bröst
Been
ben
Arm
arm

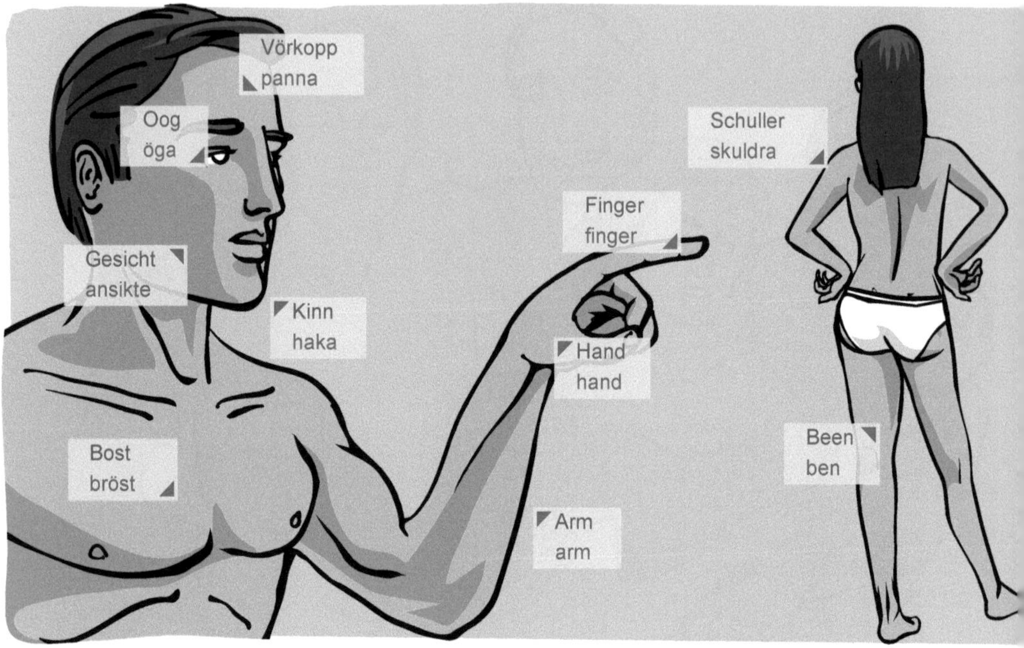

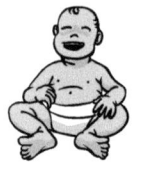

Winnelkind

baby

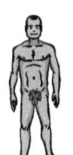

Mann

man

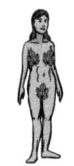

Fro

kvinna

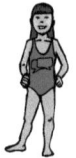

Deern

flicka

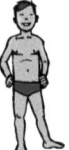

Jung

pojke

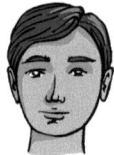

Arm

huvud

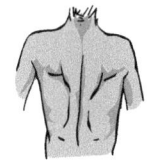

Rüch
rygg

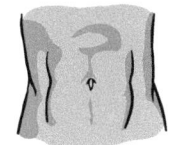

Buuk
mage

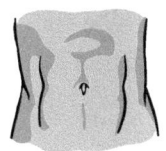

Navel
navel

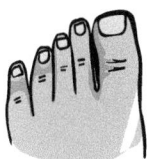

Teh
tå

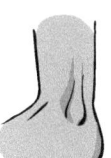

Hack
häl

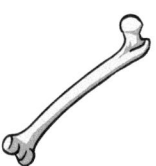

Knaken
ben

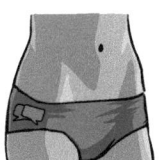

Hüft
höft

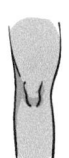

Knee
knä

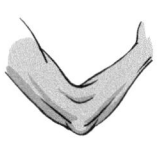

Ellbagen
armbåge

Nees
näsa

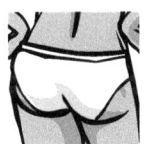

Achtersen
stjärt

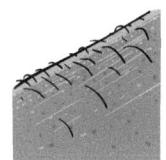

Huut
hud

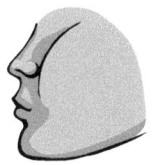

Back
kind

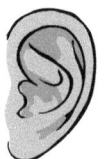

Ohr
öra

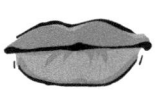

Lipp
läpp

	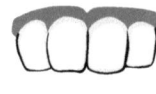	
Mund	Tähn	Tung
mun	tand	tunga
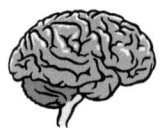	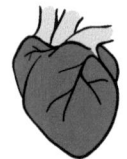	
Bregen	Hart	Muskel
hjärna	hjärta	muskel
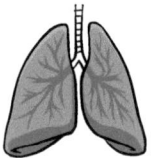		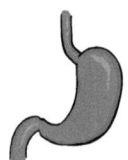
Lung	Lever	Maag
lunga	lever	magsäck
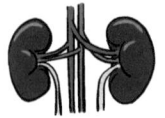		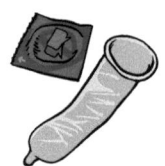
Neren	Bislaap	Kondoom
njurar	sex	kondom
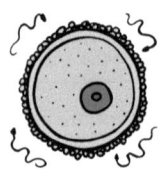		
Eizell	Sperma	Anner Ümstänn
äggcell	sperma	graviditet

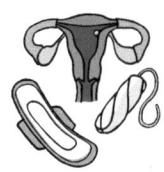

Menstruatschoon

menstruation

Scheed

vagina

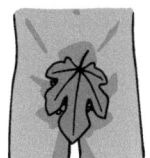

Pint

penis

Ogenbroe

ögonbryn

Hoor

hår

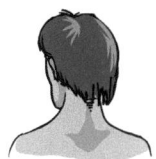

Hals

nacke

Krankenhuus
sjukhus

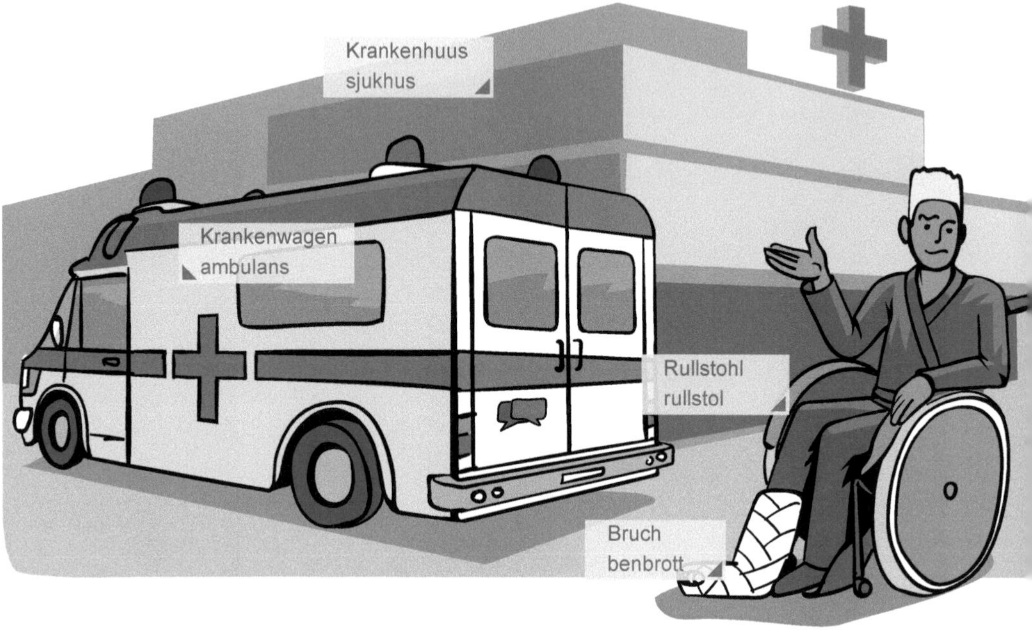

Krankenhuus
sjukhus
Krankenwagen
ambulans
Rullstohl
rullstol
Bruch
benbrott

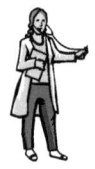

Dokter

läkare

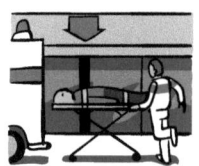

Nootopnahm

akutmottagning

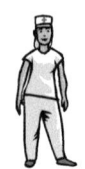

Krankensüster

sjuksköterska

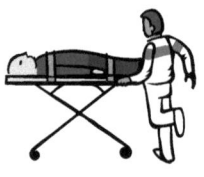

Nootfall

nödsituation

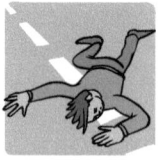

ahnmächtig

medvetslös

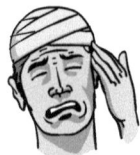

Wehdaag

smärta

Verwunnen

skada

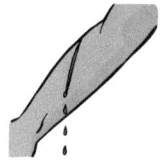

Blöden

blödning

Hartinfarkt

hjärtattack

Slaganfall

slaganfall

Allergie

allergi

Hoosten

hosta

Fever

feber

Gripp

influensa

Dörchfall

diarré

Koppwehdaag

huvudvärk

Kreeft

cancer

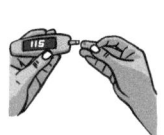

Zuckersüük

diabetes

Chirurg

kirurg

Chirurgsch Mess

skalpell

Operatschoon

operation

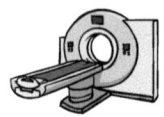

CT

CT

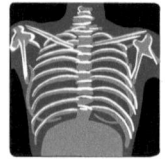

Dörchlüchten

röntgen

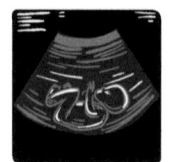

Ultraschall

ultraljud

Mask

ansiktsmask

Krankheit

sjukdom

Töövruum

väntsal

Krück

krycka

Plaaster

plåster

Verband

bandage

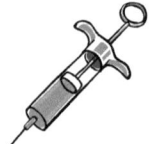

Insprütten

injektion

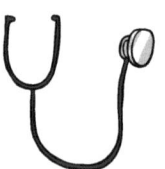

Stethoskop

stetoskop

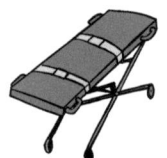

Draag

bår

Feverthermometer

termometer

Geboort

födsel

Övergewicht

övervikt

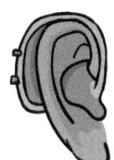

Höörapparat

hörapparat

Kiemfriemiddel

desinfektionsmedel

Ansteken

infektion

Virus

virus

HIV / AIDS

HIV / AIDS

Heelmiddel

medicin

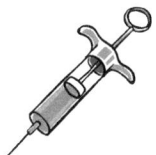

Impen

vaccination

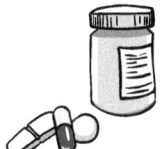

Tabletten

tabletter

Pill

p-piller

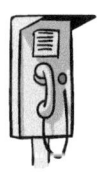

Nootroop

nödsamtal

Blootdruck-Meter

blodtrycksmätare

krank / gesund

sjuk / frisk

Hölp!

Hjälp!

Alarm

alarm

Överfall

överfall

Angreep

misshandel

Gefohr

fara

Nootutgang

nödutgång

Füer!

Det brinner!

Füerlöscher

brandsläckare

Unfall

olycka

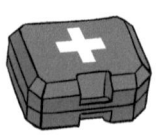

Noothölpkoffer

förbandslåda

SOS

SOS

Polizei

polis

Europa
Europa

Noordamerika
Nordamerika

Süüdamerika
Sydamerika

Afrika
Afrika

Asien
Asien

Australien
Australien

Atlantik
Atlanten

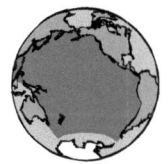

Pazifik
Stilla Havet

Indisch Weltmeer
Indiska Oceanen

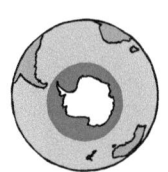

Antarktisch Weltmeer
Antarktiska Oceanen

Arktisch Weltmeer
Arktiska Oceanen

Noordpol
Nordpol

Süüdpol

Sydpol

Antarktis

Antarktis

Eerd

Jorden

Land

land

See

hav

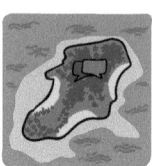

Eiland

ö

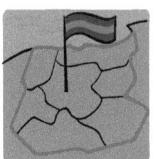

Natschoon

nation

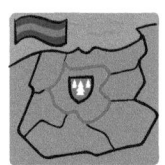

Staat

stat

　　　　Eerd - Jorden

Tallenblatt

urtavla

Stunnenwieser

timvisare

Minutenwieser

minutvisare

Sekunnenwieser

sekundvisare

Wo laat is dat?

Vad är klockan?

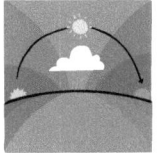

Dag

dag

Tiet

tid

nu

nu

digetaalsch Klock

digital klocka

Minuut

minut

Stunn

timme

Week

vecka

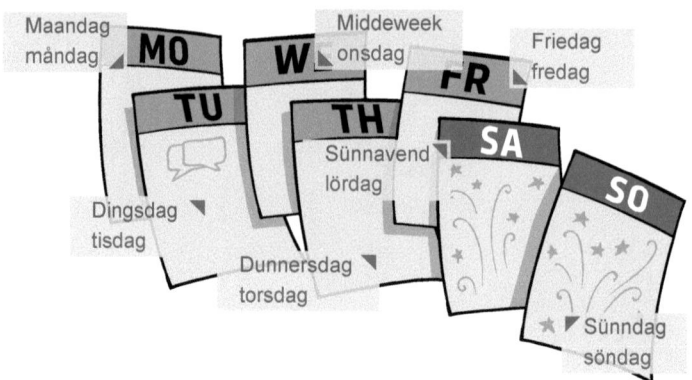

Maandag / måndag — MO
Middeweek / onsdag — W
Friedag / fredag — FR
Dingsdag / tisdag — TU
TH
Sünnavend / lördag — SA
Dunnersdag / torsdag
Sünndag / söndag — SO

güstern

igår

hüüt

idag

morgen

imorgon

Morgen

morgon

Meddag

middag

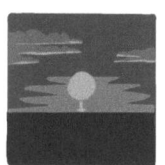

Avend

kväll

MO	TU	WE	TH	FR	SA	SU
1	2	3	4	5	6	7
8	9	10	11	12	13	14
15	16	17	18	19	20	21
22	23	24	25	26	27	28
29	30	31	1	2	3	4

Arbeitsdaag

vardagar

MO	TU	WE	TH	FR	SA	SU
1	2	3	4	5	6	7
8	9	10	11	12	13	14
15	16	17	18	19	20	21
22	23	24	25	26	27	28
29	30	31	1	2	3	4

Wekenenn

helg

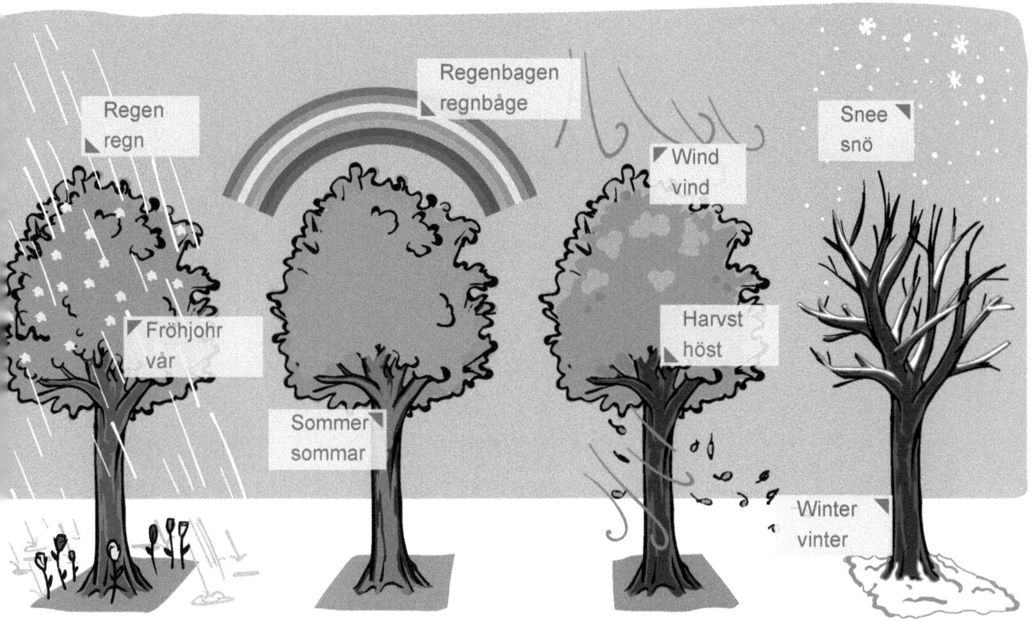

Regen
regn

Regenbagen
regnbåge

Snee
snö

Wind
vind

Fröhjohr
vår

Harvst
höst

Sommer
sommar

Winter
vinter

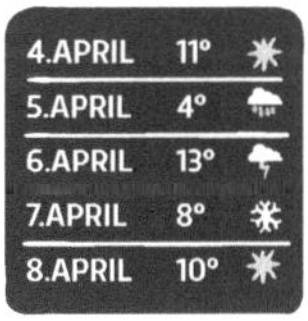

4.APRIL	11°	☀
5.APRIL	4°	☂
6.APRIL	13°	☂
7.APRIL	8°	☀
8.APRIL	10°	☀

Wedervörhersaag

väderprognos

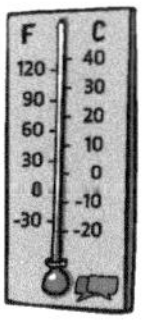

Thermometer

termometer

Sünnenschien

solsken

Wulk

moln

Nevel

dimma

Luftfuchtigkeit

luftfuktighet

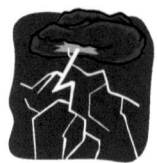

Blitz

blixt

Dunner

åska

Storm

storm

Hagel

hagel

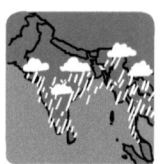

Monsun

monsun

Floot

översvämning

Ies

is

Januormaand

januari

Februormaand

februari

Martmaand

mars

Aprilmaand

april

Maimaand

maj

Junimaand

juni

Julimaand

juli

Augustmaand

augusti

Septembermaand
....
september

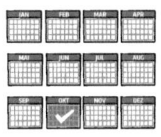

Oktobermaand
....
oktober

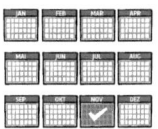

Novembermaand
....
november

Dezembermaand
....
december

Formen
former

Krink
....
cirkel

Quadrat
....
kvadrat

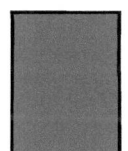

Rechteck
....
rektangel

Dreeeck
....
triangel

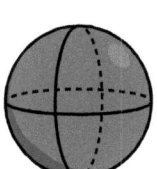

Kugel
....
sfär

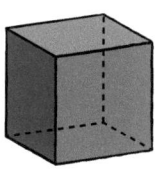

Wörpel
....
kub

witt

vit

geel

gul

orangsch

orange

pink

rosa

root

röd

lila

lila

blau

blå

gröön

grön

bruun

brun

gries

grå

swart

svart

veel / wenig
mycket / lite

böös / verdreeglich
arg / lugn

smuck / mies
vacker / ful

Begünn / Enn
början / slut

groot / lütt
stor / liten

hell / düüster
ljus / mörk

Broder / Süster
bror / syster

schier / schietig
ren / smutsig

kumpleet / nich kumpleet
komplett / ofullständig

Dag / Nacht
dag / natt

doot / lebennig
död / levande

breet / small
bred / smal

geneetbor / nich geneetbor

ätlig / oätlig

böös / fründlich

ond / god

fickerig / langwielt

upphetsad / uttråkad

dick / dünn

tjock / smal

toeerst / toletzt

först / sist

Fründ / Fiend

vän / fiende

vull / leddig

full / tom

hart / week

hård / mjuk

swoor / licht

tung / lätt

Smacht / Döst

hunger / törst

krank / gesund

sjuk / frisk

nich na't Recht / na't Recht

olaglig / laglig

klook / dummerhaftig

intelligent / dum

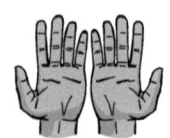

linkerhand / rechterhand

vänster / höger

neeg / feern

nära / långt bort

nieg / bruukt

ny / begagnad

nix / wat

inget / något

oolt / jung

gammal / ung

an / ut

på / av

apen / slaten

öppen / stängd

lies / luut

tyst / högljudd

riek / arm

rik / fattig

richtig / verkehrt

rätt / fel

ruug / glatt

grov / slät

trurig / glücklich

ledsen / glad

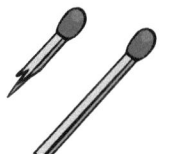

kort / lang

kort / lång

suutje / flink

långsam / snabb

natt / dröög

våt / torr

warm / köhl

varm / sval

Krieg / Freden

krig / fred

0	**1**	**2**
null	een	twee
noll	ett	två

3	**4**	**5**
dree	veer	fief
tre	fyra	fem

6	**7**	**8**
söss	söven	acht
sex	sju	åtta

9	**10**	**11**
negen	teihn	ölven
nio	tio	elva

12

twölf

tolv

13

dörteihn

tretton

14

veerteihn

fjorton

15

föffteihn

femton

16

sössteihn

sexton

17

söventeihn

sjutton

18

achtteihn

arton

19

negenteihn

nitton

20

twintig

tjugo

100

hunnert

hundra

1.000

dusend

tusen

1.000.000

million

miljon

Engelsch

engelska

Amerikaansch Engelsch

amerikansk engelska

Chineesch Mandarin

kinesisk mandarin

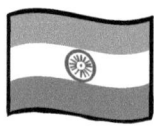

Hindi

hindi

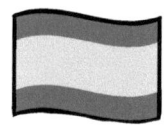

Spaansch

spanska

Franzöösch

franska

Araabsch

arabiska

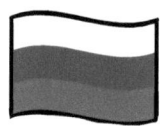

Rusch

ryska

Portugiesch

portugisiska

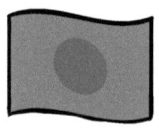

Bengaalsch

bengali

Düütsch

tyska

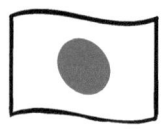

Japaansch

japanska

ik

jag

du

du

he / se / dat

han / hon / den (det)

wi

vi

ji

ni

se

de

keen?

vem?

wat?

vad?

woans?

hur?

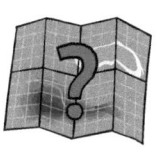

woneem?

var?

wannehr?

när?

Naam

namn

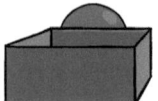

achter

bakom

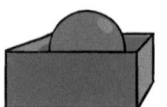

in

i

vör

framför

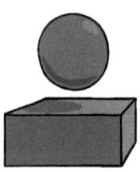

över

över

op

på

ünner

under

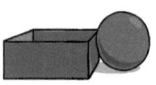

blangen

bredvid

twüschen

mellan

Oort

plats